DAS

BUCH FÜR

TEXT VON
DICK DE BARTOLO

ZEICHNUNGEN VON
GEORGE WOODBRIDGE

Herausgegeben von Nick Meglin
Deutsche Fassung von Herbert Feuerstein

Ein MAD-Taschenbuch der Williams Verlagsgesellschaft mbH

Deutsches
MAD
Die verrücktesten Bücher der Welt

Bisher in dieser Reihe erschienen:

„Don Martin hat Premiere"
„Viva MAD" *von Sergio Aragones*
„Alles über Magie" *von Al Jaffee*
„Don Martin dreht durch"
„Spion & Spion" *von Antonio Prohias*
„Der große MAD-Report" *von Dave Berg*
„Wirre Welt" *von Sergio Aragones*
„Das Buch der dummen Sprüche" *von Al Jaffee*
„MAD-Lebensfibel" *von George Woodbridge*
„MAD in Hollywood"
„Don Martin tanzt aus der Reihe"
„Das MAD-Buch der Rache"
„Noch mehr Zündstoff von Spion & Spion"

ISBN 3-8071-0082-2

© Copyright 1976 by Dick de Bartolo, George Woodbridge
und E. C. Publications, Inc.
Deutsche Rechte 1977 WILLIAMS VERLAG GmbH
Schwanenwik 29, 2000 Hamburg 76
Telefon (040) 2 29 00 35
Grafik: Marlies Gerson
Herstellung: Renate Zumblick
Satz: Alfred Utesch, Hamburg
Druck: Marabout
Printed in Belgium

1. KAPITEL

WANDERN UND ZELTEN

Der Wandersport, der zweifellos zu den einfachsten und preiswertesten Freizeitvergnügen gehört, erfreut sich immer größerer Beliebtheit. Nach der neuesten Statistik sind es heute 3,5 Millionen Bundesbürger, die mindestens einmal im Jahr in die Einsamkeit fliehen, um dort ein Zeltlager aufzuschlagen. Da dies jedoch 3,4 Millionen am gleichen Wochenende tun, ist es freilich mit der Einsamkeit nicht allzu weit her ...

Wandern ist ein echter Abenteuer-Sport. Nicht nur führt er den Menschen wieder zurück zur Natur, er macht ihn auch unabhängig von Zivilisation und Technik und zwingt ihn zur Selbständigkeit. Wie das untere Bild beweist, ist dies auf einfachste Weise möglich ... was jedoch nicht besagt, daß das Leben dadurch leicht und problemlos geworden ist!

Ganz und gar nicht! So muß dieser Camper zum Beispiel jede Stunde auf-
stehen und eine Münze in die Parkuhr werfen; er muß den Bierflaschen
ausweichen, die aus dem Fenster segeln; er muß sich gegen Überfälle
wehren . . . und so weiter. Der ernsthafte Wanderfreund ist daher wohl-
beraten, bei der Auswahl des Zeltplatzes etwas überlegter vorzugehen als
dieser Mann!

DIE FÜSSE

Wichtigste Ausrüstung des Wandersportlers sind die Schuhe! Zu knausern wäre hier fehl am Platz, denn solides Schuhwerk ist nun einmal der Schlüssel zum Erfolg einer Wanderung. Statt 50 Mark für billige Schuhe zum Fenster rauszuwerfen, sollten Sie lieber warten, bis Sie mindestens doppelt so viel ausgeben können, bevor Sie ins Sportgeschäft gehen. Sollte es Ihnen unmöglich sein, einen solchen Betrag aufzutreiben, dann suchen Sie sich einen Wanderkameraden, der bereit ist, ein paar feste Schuhe mit Ihnen zu teilen!

Bedenken Sie: Die Füße sind des Wanderers bester Freund! Behandeln Sie sie daher gut und verwöhnen Sie sie ruhig ein bißchen, indem Sie sie oft waschen und massieren . . . und gelegentlich auch mal zum Essen ausführen, mit einem anschließenden Kinobesuch. Ihre Füße verdienen es!

KÖRPERERTÜCHTIGUNG

Auch für den Wandersport gilt die Regel: „Übung macht den Meister". Wohnen Sie zum Beispiel im 4. Stock, so sollten Sie am ersten Übungstag mit voller Ausrüstung die Treppen hochsteigen. Am zweiten Tag legen Sie die Strecke zweimal zurück. Am dritten Tag dreimal . . . bis Sie es mindestens 20 Mal hintereinander schaffen. – Unser Bild zeigt einen Sportkameraden, der es geschafft hat: Mühelos bestieg er die 80 Stockwerke zu seinem Büro . . . obwohl ein solches Wanderziel nicht unbedingt jedermanns Sache ist . . .

RUCKSACK-PACKEN

Das korrekte Packen des Rucksacks ist eine Kunst, die ebenfalls viel Übung erfordert. Zelte, Schlafsäcke, Kochgeräte und andere Ausrüstungsgegenstände werden vom Hersteller in handlichen, kompakten Hüllen geliefert...

... die sich jedoch nach dem ersten Gebrauch als total überflüssig erweisen, da es noch nie jemand geschafft hat, das Zeug wieder so einzupacken, wie es war!

EINTOPF-RATION

Während es für den Auto-Camper bei der Ausrüstung keine Grenzen gibt, wird sich der Rucksack-Wanderer hüten, mehr als das absolut notwendige Gewicht mitzuschleppen. Anstelle schwerer Kochgeräte hat sich daher die Eintopf-Ration in der Thermosflasche durchgesetzt. Wichtig ist, daß ein solcher Eintopf möglichst vielseitig, vitaminreich und nahrhaft ist. Zu diesem Zweck geben Sie folgende Zutaten in einen Mixer:

1 Schachtel Haferflocken
2 Dosen Pilzsuppen-Konzentrat
2 Gläser Obstsalat
3 Packungen Teebeutel
1 Dose Sardinen
1 Packung Dörrpflaumen
6 Eier
2 Zwiebeln
1 Pfund Kalbsleber
8 Becher Joghurt
2 Essiggurken
2 Tafeln Nußschokolade

Sechs Minuten lang mixen und in die Thermosflasche schütten. Jetzt haben Sie eine ideale und ausgiebige Wanderverpflegung, die auch für eine große Familie viele Tage lang reicht . . . weil nämlich niemand auch nur einen einzigen Bissen davon runterkriegt!

DAS ZELT

Welches Zelt Sie auswählen, ist eine Frage des persönlichen Geschmacks und des Geldbeutels. Das Angebot erstreckt sich vom bescheidenen Einmann-Zelt, das kaum ein paar Pfund wiegt, bis zum großen Familienzelt, das in zwei Teilen geliefert wird, so daß die Last auf zwei Wanderer verteilt werden kann. Sollten Sie sich für das letztere entscheiden, müssen Sie unbedingt beachten, daß die Zelthälften, die die beiden Wanderer tragen, auch wirklich zusammenpassen!

TASCHENLAMPEN

Jedermann weiß, daß zu einer soliden Wanderausrüstung auch eine gute Taschenlampe gehört. Leider wird aber oftmals vergessen, daß eine Taschenlampe zur Erzielung der gleichen Leuchtkraft tagsüber mindestens hundert Mal so stark sein muß als nachts! Bedenken Sie dies unbedingt bei der nächsten Wanderung im hellen Sonnenschein!

SICHERHEITSREGELN

Das Sicherheitsrisiko beim Wandersport ist ziemlich gering. So geht zum Beispiel aus der Statistik eindeutig hervor, daß die Unfallgefahr in der eigenen Wohnung erheblich größer ist als unterwegs in der freien Natur – vor allem, wenn man zu Hause das ganze Wandergerümpel achtlos herumliegen läßt ...

Voraussetzung für einen risikolosen Zeltausflug ist natürlich die Beachtung gewisser Grundregeln. Dazu gehört vor allem das Absichern von Vertäuungen. Jedesmal also, wenn ein Seil gespannt wird – egal, ob für Zelt, Wäscheleine oder Selbstmord – ist es wichtig, dieses so zu kennzeichnen, daß man es auch in der Dämmerung klar erkennen kann. Am besten geschieht dies durch das Aufhängen größerer Gegenstände ...

Plötzlich auftretende Gewitter gehören zu den unvermeidlichen Zwischen-
fällen jedes Ausflugs. Vergessen Sie dabei nie, daß Bäume und andere Er-
höhungen vom Blitzschlag besonders gefährdet sind. Eine Höhle ist da viel
sicherer!

Für den Fall, daß Sie einmal vom Weg abgekommen sind und sich in der Wildnis verirrt haben – keine Panik! Schlimmstenfalls können Sie sterben. Es gibt also keinen Grund zur Sorge.

Beobachten Sie die Vögel! Denn was unsere kleinen, gefiederten Freunde essen, ist ungiftig und kann auch Sie ernähren: Beeren, Nüsse, Würmer. Und wenn Sie Glück haben, finden Sie auch mal einen Vogel, der sich von Pizza nährt ...

Ein SOS-Zeichen mit Steinen oder Hölzern in einer Waldeslichtung erleichtert die Aufgabe der Suchflugzeuge. Wenn es auf Anhieb nichts nutzt, hinterlassen Sie mehrere Notsignale!

Stromkabel und Telefonleitungen sind ein guter Wegweiser aus der Wildnis. Folgen Sie diesen Drähten in eine der beiden Richtungen – und Sie werden mit Sicherheit zurück in die Zivilisation gelangen . . . außer natürlich, Sie treffen nach Mitternacht im Frankfurter Bahnhofsviertel ein. Dann hätten Sie lieber gleich in der Wildnis bleiben können!

SCHLANGEN

Die Angst vor Schlangen ist in unseren Breiten völlig unbegründet! Bedenken Sie, daß es unter den zahlreichen Schlangenarten Europas nur vier gibt, deren Biß tödlich ist. Zwar gibt es davon ein paar Millionen . . . aber dennoch ist die Wahrscheinlichkeit, durch Schlangen umzukommen, viel geringer als zum Beispiel durch Bienen, Skorpione, Taranteln, giftige Echsen oder zornige Bauern. Also vergessen Sie die Angst und genießen Sie die Natur!

2. KAPITEL

SEGELN

Sagt man zu einer Landratte:

Takelt den Klüver und rafft die Fock!

... so bekommt man zur Antwort:

Hm?

Sagt man jedoch zu einem erfahrenen Matrosen:

Takelt den Klüver und rafft die Fock!

... so bekommt man zur Antwort:

Hm, Käptn?

DER UNTERBAU

Um die seitliche Abdrift sowie die Gefahr des Kenterns zu vermindern, verfügen manche Segelboote über eine Stabilisierungsfläche am Rumpf. Ist diese beweglich, so nennt man sie **Schwert** ...

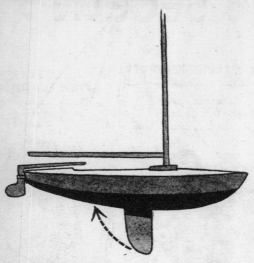

... ist sie unbeweglich, so nennt man sie **Kiel.**

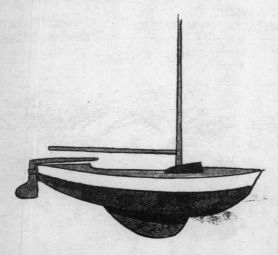

Es ist relativ einfach, einen unbeweglichen Kiel in ein bewegliches Schwert zu verwandeln . . . indem man ein Unterwasserkliff rammt.

DAS KREUZEN

Bekanntlich braucht ein Segelboot für seinen Antrieb Wind. Ideal ist der Wind von hinten (**„vor dem Wind segeln"**). Aber auch seitliche Winde können durch geschickte Segelstellung zur Vorwärtsbewegung benutzt werden (**„mit raumem Wind segeln"**). Kommt jedoch der Wind direkt von vorn, ist ein geradliniges Vorwärtskommen unmöglich. In diesem Fall nimmt man zum **Kreuzen** Zuflucht – ein Manövrieren im Zickzack-Kurs, das auf Umwegen in die gewünschte Richtung führt. Beachten Sie aber bitte, daß bei jedem Wendepunkt des Kreuzens der Segelbaum quer durch das Boot fegt und dabei mindestens ein Besatzungsmitglied über Bord wirft ... weshalb bekanntlich ein Segelschiff eine wesentlich größere Mannschaft erfordert als ein gleichgroßes Motorboot. Es empfiehlt sich daher, beim Kreuzen nur so viele Wendepunkte einzuplanen, daß am Ziel noch mindestens eine Person an Bord ist ... um das Boot am Ufer zu vertäuen.

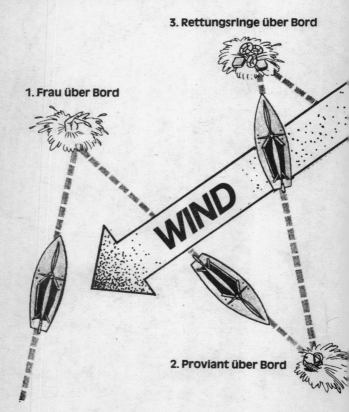

3. Rettungsringe über Bord

1. Frau über Bord

WIND

2. Proviant über Bord

22

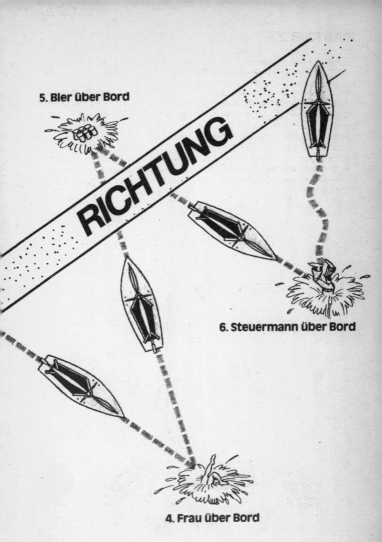

5. Bier über Bord

RICHTUNG

6. Steuermann über Bord

4. Frau über Bord

23

FLAUTE

Wenn die Segel schlaff am Mast hängen, und das Boot trotz aller Be-
mühungen von der Strömung in die falsche Richtung getrieben wird, brauchen Sie noch nicht in Panik zu geraten! Gegen eine solche Windstille gibt es
nämlich mehrere Mittel:

1. Fordern Sie ein Besatzungsmitglied auf, so viel Wind wie möglich zu
machen. Am besten eignet sich dafür die Wahlrede eines Politikers.

2. Befestigen Sie ein weithin sichtbares Schild „ZU VERKAUFEN" an Ihrem Boot und bieten Sie es dem Kapitän der nächsten Motorjacht zu einem lächerlichen Preis an. Wenn er Sie dann in den Hafen geschleppt hat, können Sie ihm ja sagen, daß Sie Ihre Meinung wieder geändert hätten.

3. Falls sich die Methoden 1 und 2 als erfolglos erwiesen haben, ist es jetzt an der Zeit, in Panik zu geraten!

KRÄNGEN

Je stärker der Schiffsrumpf in das Wasser eintaucht, desto größer ist der Wasserwiderstand – und desto geringer die Geschwindigkeit. Da sich das Boot unter dem seitlichen Druck des Windes in die Leerichtung neigt, macht sich der erfahrene Segler dieses „Krängen" zunutze und sorgt durch geschicktes Ausbalancieren dafür, daß sich der Schiffsrumpf so weit wie möglich aus dem Wasser hebt. Dadurch wird der Wasserwiderstand geringer und die Geschwindigkeit größer!

I. GROSSER WASSERWIDERSTAND

II. VERRINGERTER WASSERWIDERSTAND

III. MINIMALER WASSERWIDERSTAND

IV. ÜBERHAUPT KEIN WASSERWIDERSTAND

DER KAUF EINES SEGELBOOTES

Der Kauf eines neuen Segelbootes ist relativ einfach, da sich der Preis nach der Größe richtet. So ist beispielsweise eine 30-Meter-Jacht wesentlich größer als eine 5-Meter-Jolle . . . und damit auch erheblich teuerer! Mit einiger Übung sollte es für den Sportsegler ein leichtes sein, diese beiden Grundtypen auseinanderzuhalten . . . vielleicht sogar mit bloßem Auge. Beim Kauf eines gebrauchten Bootes empfiehlt es sich, einige Vorsichtsmaßregeln zu beachten:

1. Klopfen Sie den Rumpf ab. Wenn etwas zurückklopft, dann lassen Sie die Finger davon! Denn Termiten sind eine schlimme Plage für den Segler . . . vor allem, wenn sie mitten in einem größeren Törn das Boot aufzufressen beginnen!

2. Kaufen Sie nur bei einem vertrauenswürdigen Händler! Wenn Sie der Verkäufer zu einer Testfahrt einlädt und dabei im Taucheranzug erscheint, dann lassen Sie lieber die Hände von diesem Geschäft!

Kaufen Sie niemals ein Segelboot, das eine größere Mannschaft erfordert als Sie und Ihre Familie!

4. Kaufen Sie aber auch kein Boot, das für Ihre Zwecke zu klein ist. Denn bedenken Sie: Wenn es sich herumgesprochen hat, daß Sie Jachtbesitzer sind, werden viele „alte Freunde" aus der Versenkung auftauchen!

5. Vor allem aber: Achten Sie darauf, daß der Kaufpreis für das Segelboot auch wirklich all das einschließt, was man zum Segeln benötigt!

3. KAPITEL

PFLANZEN UND BLUMEN

Hier ist eine Freizeitbeschäftigung, die viele Freuden bringt! Denn das Gärtnern verschafft Ihnen nicht nur Entspannung und traute Zwiesprache mit der Natur, es hilft Ihnen auch, das Haus oder die Wohnung zu verschönen und vermittelt Ihnen darüber hinaus viele neue, dauerhafte Freundschaften! Mit anderen Menschen? – Nein, wahrscheinlich nicht ... denn wenn es sich herumspricht, daß Sie mit den Pflanzen reden, wird man bald einen großen Bogen um Sie machen! Aber trösten Sie sich ... Freundschaften mit Blumen sind ohnehin viel besser! Oder haben Sie jemals gehört, daß sich eine Blume Geld ausborgt, mit der Freundin abhaut oder einem in die Fresse schlägt? Na, sehen Sie!

Längst hat die Wissenschaft bewiesen, daß Pflanzen tatsächlich so etwas wie eine persönliche Beziehung zu ihrem Besitzer entwickeln können. Schenken Sie also Ihrer Blume auch weiterhin täglich ein paar freundliche Worte ... auch wenn Sie die Umwelt belächelt! Ein kleines Experiment wird Ihnen beweisen, wie recht wir haben: Kaufen Sie zwei gleiche Pflanzen, stellen Sie sie nebeneinander auf und versorgen Sie sie gleichmäßig mit Wasser und Nährstoffen. Reden Sie aber nur mit einer der Pflanzen ... und ignorieren Sie die andere. Schon in kurzer Zeit werden Sie eine Überraschung erleben!

ERSTER TAG

NACH EINEM MONAT

NACH ZWEI MONATEN

DIE WAHL DER PFLANZE

Die Frage, was Sie anpflanzen sollen, hängt weitgehend von den örtlichen Gegebenheiten ab: von den Lichtverhältnissen, der Temperatur und natürlich der Pflege, die Sie aufwenden können. Aber egal, für welche Gewächse Sie sich entscheiden – vermeiden Sie unter allen Umständen Chrysanthemen und Hyazinthen. Beides sind zwar wunderhübsche Blumen . . . aber Sie werden immer wieder Ärger mit der Rechtschreibung haben! Farne sind da viel praktischer.

DER KAUF

Der Pflanzenkauf darf keine leichtfertige Angelegenheit sein. Auf keinen Fall sollen Sie einfach zum Gärtner gehen, ihm das Geld auf den Tisch legen und sich dafür ein beliebiges Kraut in die Hand drücken lassen. Vielmehr ist es wichtig, vorher eine Reihe von Fachbüchern zu lesen und mindestens zwei Jahre lang eine Baumschule zu besuchen. Erst dann dürfen Sie zum Gärtner gehen, ihm das Geld auf den Tisch legen und sich dafür ein beliebiges Kraut in die Hand drücken lassen.

37

Wollen Sie wirklich Ihre neue Pflanze in dem schäbigen, rostbraunen Topf aus Ton oder Plastik belassen, in dem Sie sie gekauft haben? Natürlich nicht! Denn nur ein formschöner Behälter kann die Pracht und Anmut einer Blume erst so richtig zur Entfaltung bringen! Nun gibt es zwar Blumentöpfe in schier endloser Vielfalt, doch sind diese meist recht kostspielig – abgesehen davon, daß der Töpfer nicht unbedingt dieselbe Vorstellung von Geschmack hat wie Sie. Sehen Sie sich daher in Ihrer Wohnung um und lassen Sie Ihre Phantasie spielen . . . und Sie werden sich wundern, wieviele originelle und vor allem kostenlose Möglichkeiten es gibt, Ihre Pflanzen umzubetten!

PFLANZENKRANKHEITEN

An bestimmten Anzeichen erkennt man, daß eine Pflanze krank ist und Hilfe braucht. Zum Beispiel, wenn sich die Blattspitzen bräunlich verfärben oder das ganze Blatt gelb wird und abfällt. Oder wenn die Pflanze verwelkt und nicht mehr wachsen will. Oder wenn sie bei der geringsten Kleinigkeit in Tränen ausbricht oder so tut, als würde sie Sie nicht mehr erkennen. Und sollte es gar vorkommen, daß Ihnen eine Pflanze jedesmal, wenn Sie ihr näher kommen, abrupt den Rücken dreht, dann kann nur noch ein Psychiater helfen. Aber nicht der Pflanze ... sondern **Ihnen!**

EINE PFLANZE FÜR JEDES ZIMMER!

Viele Menschen sind der Meinung, Zimmerpflanzen gehören nur ins Wohnzimmer oder auf die Veranda. Irrtum! Denn da es eine ganze Reihe von genügsamen Gewächsen gibt, die mit einem Minimum an Licht und Frischluft auskommen, sollte es eigentlich keinen einzigen Raum in Ihrem Haus ohne Zierpflanze geben!

WIE BEFESTIGT MAN BLUMENKÄSTEN AM BALKON?

So, daß sie nicht runterfallen!

WINTERGARTEN

Als Wintergarten eignet sich so gut wie jeder Raum, der über große Fenster verfügt, um so viel Sonnenlicht wie möglich durchzulassen, aber gleichzeitig durch gute Isolierung verhindert, daß Wärme und Feuchtigkeit in die winterliche Kälte entweichen. Auch hier ist Ihrer Phantasie so gut wie keine Grenze gesetzt ...

GEMÜSEZUCHT

Es müssen nicht immer Blumen und Gewächse sein. Auch Kraut und Rüben erfreuen das Herz des braven Hobby-Gärtners. – Wieviel Platz braucht man nun für einen Gemüsegarten? „Nicht viel", lautet die Antwort der Fachleute. Hier sehen wir zum Beispiel eine Frau, die aus ein paar Mais- oder Tomatenstauden, 8 Pflanzkartoffeln und zwei Päckchen Möhrensamen eine reiche Ernte zog. – „Was soll daran so besonderes sein," werden Sie nun fragen . . .

Das besondere daran ist, daß das alles in ihrer Blumenkiste wuchs!

WAS BRAUCHT DIE PFLANZE?

Luft ... gibt es kostenlos in Hülle und Fülle, wenngleich auch nicht immer von bester Qualität.

Nahrung ... in Form von Mineralstoffen, die die Pflanze aus der Erde holt. Natürlich können Sie es ihr leichter machen und sie gelegentlich mal zum Essen einladen!

Wasser ... wird draußen von der Natur durch den ewigen Kreislauf von Verdunstung, Kondensierung und Niederschlag geliefert ... und drinnen vom Gärtner durch den ewigen Kreislauf von Wasserhahn, Gießkanne und Wischtuch. Besonders im Winter ist es wichtig, die Pflanzen mit genügend Feuchtigkeit zu versorgen, da die moderne Raumheizung die Luft stark austrocknet. Helfen Sie nach, indem Sie gelegentlich mit der Duschbrause Dampfwolken erzeugen, an den Heizkörpern Verdunsterschalen anbringen und einen Luftbefeuchter installieren. Damit schaffen Sie ideale Bedingungen ... aber nur für die Pflanzen!

DER VORGARTEN

Der berufene Gärtner fühlt sich eng mit der Scholle verbunden . . . doch brauchen Sie deshalb nicht gleich zu übertreiben, Sie Wurzelsepp!

Wichtig ist es, beim Umgraben alle Steine und sonstige Hindernisse zu entfernen.

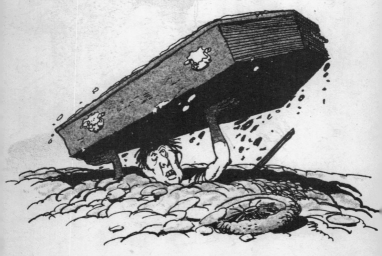

Vor der Aussaat sollten Sie dem Boden Nährstoffe zuführen. Dabei haben Sie die Wahl zwischen chemischem Dünger, der aber von vielen Gärtnern als „unnatürlich" abgelehnt wird, und organischem Dünger . . . wie Stallmist, Bundestagsprotokollen und MAD-Taschenbüchern.

Endlich ist es so weit, daß Sie Samen und Pflänzchen in den Schoß der Erde versenken können. Und alsbald wird die Saat sprießen . . . und reifen . . . aus dem ewigen Füllhorn der Allmutter Natur . . .

4. KAPITEL

RADFAHREN

Die genaue Jahreszahl der Erfindung des Fahrrads ist unbekannt. Fachleute schätzen, daß dies um das Jahr 1700 geschah. Nichtfachleute hingegen meinen, daß dies bereits 800 v. Chr. erfolgte – was wieder einmal beweist, wie wichtig eine solide Fachbildung ist! Wann immer auch das Fahrrad erfunden wurde – es sah anfangs etwa so aus:

Wie man auf den ersten Blick sieht, war die Fortbewegung auf einem solchen Vehikel nicht ganz einfach . . . denn damals gab es noch keine **Gummireifen,** die die Erschütterung gemildert hätten.

Doch über die Jahre wurde das Fahrrad immer mehr verbessert. So erhielt es zum Beispiel einen Motor . . .

... sowie zwei weitere Räder, um nicht mehr so leicht umzukippen. Ferner wurde ein Gepäckraum eingebaut, sowie ein Lenkrad zur leichteren Steuerung ...

... und schließlich ein Gestell zum Transport von Fahrrädern.

DIE WICHTIGSTEN
FAHRRAD-TYPEN

Das gewöhnliche Fahrrad mit einfacher Übersetzung ist schwer und eignet sich daher nur für kurze Strecken auf ebenen Straßen.

Das sogenannte „englische Dreigang-Rad" ist wesentlich leichter und erlaubt es, hügelige Strecken mühelos zu bewältigen.

Noch einfacher geht dies mit dem Zehngang-Fahrrad aus Leichtmetall. Und wer sich gar ein superleichtes Fünfzehngang-Fahrrad leisten kann, für den ist die Schwerkraft so gut wie aufgehoben . . .

Mit einem solchen Mehrgangfahrrad ist das Bewältigen von Steigungen so einfach geworden, daß gewöhnliche Gebirgsstraßen bald gar keinen Spaß mehr machen. Jetzt wird das Unmögliche möglich!

DER RICHTIGE RAHMEN

Grundsätzlich unterscheidet man zwischen Herren- und Damenrädern. Das Herrenrad hat eine Längsstrebe zwischen Sattel und Gabel und ist damit wesentlich stabiler als das Damenrad.

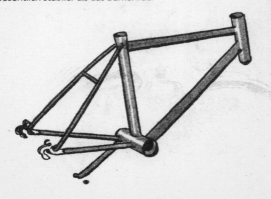

Bei den Damenrädern ist diese zweite Strebe nach unten gebogen. Dadurch ist das Fahrrad zwar weniger stabil, doch war dies in grauer Vorzeit, als die Frauen noch Röcke trugen, für die Bewegungsfreiheit der Beine unbedingt notwendig.

Da dieses Problem bei der heutigen Mode nicht mehr besteht, empfiehlt es sich für die moderne Frau, ein Herrenrad anzuschaffen.

Gerade die heutige Mode ist es aber, die ein Aussterben des Damenrads verhindert hat – da sonst eine ganze Reihe von Typen auf das Radfahren verzichten müßte!

DIE RICHTIGE LENKSTANGE

Grundsätzlich unterscheidet man zwischen zwei Arten: der gewöhnlichen Lenkstange (auch „Touristenstange" genannt), und der nach unten gezogenen „Rennrad-Lenkstange", die – wie schon der Name besagt – von sportlichen Radlern bevorzugt wird.

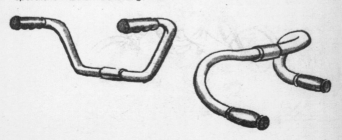

Die Touristenstange zwingt den Fahrer zu einer aufrechten Körperhaltung und vergrößert damit seinen Luftwiderstand, was bei hoher Geschwindigkeit oder stürmischen Winden mitunter zu Problemen führen kann . . .

Dieser andere Mann hingegen bemüht sich um die Ertüchtigung seines Körpers. Jeden Morgen und bei jeder Witterung fährt er mit dem Fahrrad zur Arbeit. Auch seine Einkäufe und Besorgungen erledigt er per Rad. Kein Wunder, daß er auch mit 43 Jahren noch sein Idealgewicht hat. Herz und Lungen sind kräftig, er ist in Topform . . . doch wurde er leider von einem Chauffeur überfahren, der einen Manager mit Herzanfall dringend ins Krankenhaus bringen mußte . . .

RADSPORT UND GESUNDHEIT

Hier sehen wir einen Manager, der jede körperliche Betätigung verabscheut. Jeden Morgen läßt er sich von seinem Chauffeur ins Büro fahren, wo er den ganzen Tag am Schreibtisch verbringt. Da er überdies hemmungslos ißt, leidet er mit 43 Jahren bereits an Übergewicht und Herzschwäche – und hat soeben einen Herzanfall erlitten!

Dieser andere Mann hingegen bemüht sich um die Ertüchtigung seines Körpers. Jeden Morgen und bei jeder Witterung fährt er mit dem Fahrrad zur Arbeit. Auch seine Einkünfte und Besorgungen erledigt er per Rad. Kein Wunder, daß er auch mit 43 Jahren noch sein Idealgewicht hat. Herz und Lungen sind kräftig, er ist in Topform . . . doch wurde er leider von einem Chauffeur überfahren, der einen Manager mit Herzanfall dringend ins Krankenhaus bringen mußte . . .

TRIMM DICH FIT

Im Winter und bei Regenwetter ist das Radfahren nicht unbedingt jedermanns Sache. Doch sollten Sie deshalb nicht auf diese wertvolle Körperertüchtigung verzichten: Ein Trimm-Dich-Gerät im Keller erfüllt den gleichen Zweck!

Einfacher und billiger ist jedoch ein kleines Zusatzgestell für Ihr Fahrrad, das das Hinterrad vom Boden abhebt und ein flottes Strampeln im Stand ermöglicht. Achten Sie jedoch sorgfältig darauf, daß Ihr Rad gut auf dem Gerät festmontiert ist!

58

UNFÄLLE MIT DEM FAHRRAD

Anstatt jetzt umständlich über all die komplizierten Einzelheiten eines Fahrradunfalls zu berichten, schlagen wir Ihnen vor, dies lieber selber herauszufinden. Dazu brauchen Sie sich gar nicht sonderlich anzustrengen – es genügt, wenn Sie in der Mitte einer belebten Straße gegen die Verkehrsrichtung radeln. Für den Rest sorgen dann die Autofahrer. Mit dieser Methode machen Sie nicht nur wertvolle Erfahrungen, sondern lernen auch neue Menschen kennen ... vor allem Ärzte und Anwälte!

ZUSATZ-AUSSTATTUNG

Ähnlich wie beim Auto gibt es auch beim Fahrrad eine große Auswahl an „Extras", mit denen Sie Ihr Fahrzeug ausstatten können.

Aus Sicherheitsgründen gehören dazu in erster Linie mehrere Reflektoren an Pedal und Rahmen sowie die Beleuchtung vorn und hinten. Ferner die Luftpumpe und das Pannenwerkzeug.

Eine Provianttasche an der Lenkstange, ein Gepäckträger sowie ein Paar Satteltaschen erweisen sich als überaus praktisch für längere Touren. Auch Pedalbindung und Hosenklemmen sollten nicht fehlen.

Nicht zu vergessen Rückspiegel, Hupe, Transistor-Radio, Wimpel, Funksprech-gerät, Feuerlöscher ... usw. ... denn für einen echten Radsport-Fan sind die Möglichkeiten schier unbegrenzt!

Das letzte und wichtigste Zubehörteil bei einem so teuer ausgerüsteten Vehikel sind ein paar gute Kombinationsschlösser und Sicherheitsketten! Eine solche Ausgabe rentiert sich immer ...

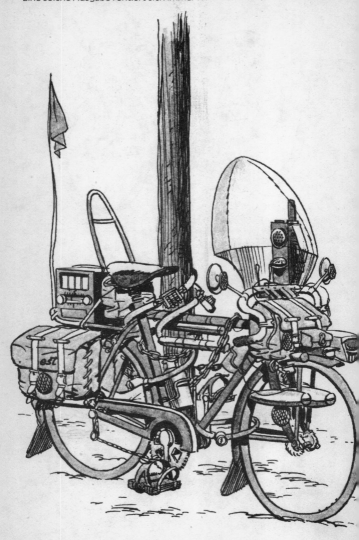

. . . denn selbst wenn alles andere gestohlen ist – die Ketten und Schlösser können Sie immer für Ihr nächstes Fahrrad benutzen!

SCHLUSSWORT

Sie haben also das richtige Fahrrad ausgewählt, fanden dafür auch die richtige Ausrüstung und sind jetzt bereit, sich dem fröhlichen Völkchen der Radsportler anzuschließen. Wir wünschen Ihnen dabei viel Spaß und viel Vergnügen . . . doch vorher noch eine kleine Mahnung: Denken Sie daran, daß Sie beim Zusammenstellen und Ausrüsten des Rades viele Schrauben gelockert haben. Vergessen Sie daher nicht, vor Ihrer ersten Fahrt jedes Gewinde noch einmal gründlich zu überprüfen und nachzuzieh . . . HOPPLA!

5. KAPITEL

ZEICHNEN
und
MALEN

Die Annahme, daß eine künstlerische Betätigung nur Fachleuten zustünde, ist Unsinn! Überlegen Sie doch: Jeder Fachmann war früher mal ein Amateur! Der Schlüssel zum Erfolg liegt daher einzig und allein darin, sich nicht entmutigen zu lassen! Selbst Michelangelo wäre ewig ein Anstreicher geblieben, wenn er die Worte seiner Freunde ernst genommen hätte, die beim Anblick der Sixtinischen Kapelle zu ihm sagten: „Schön und gut, Michel, aber das Ganze braucht noch eine zweite Farbschicht!"

1. SCHRITT: Lassen Sie sich durch frühere Mißerfolge nicht entmutigen, sondern zeichnen Sie auf der leeren Fläche ein Bild . . . so gut, wie Sie es eben können!

Was? Das ist alles, was Sie können? Sie sind wirklich die größte Niete, die uns je begegnet ist!

Was? Sie sind **immer** noch hier? Sie lassen sich wohl durch nichts entmutigen, was? Na schön, wenigstens beweist dies, daß Sie Beharrlichkeit, Ausdauer . . . und einen Hang zum Masochismus haben.

2. SCHRITT: Der Grund, warum Zeichnungen von Anfängern gewöhnlich mißglücken, liegt darin, daß sie die Größenverhältnisse nicht richtig umsetzen können. Betrachten wir als Beispiel dieses Bild eines Laien:

Schon auf den ersten Blick erkennen wir, daß die Ohren zu lang für den Kopf sind. Außerdem ist der Schwanz zu lang für den Körper und die Barthaare sind zu kurz für die Schnauze! Wenn Sie dennoch der Meinung sind, daß die Zeichnung für einen Anfänger gar nicht so übel sei, dann irren Sie sich aber schwer! Denn der Typ wollte keine Katze zeichnen . . . sondern einen **Elefanten!**

3. SCHRITT: Um die richtigen Größenverhältnisse zu erzielen, gibt es eine einfache Methode: die sogenannte „Schachtel-Technik": Stellen Sie sich vor, daß sich die Vorlage in einer Schachtel befindet! Es ist dann kinderleicht, die richtigen Proportionen auf das Zeichenblatt zu übertragen:

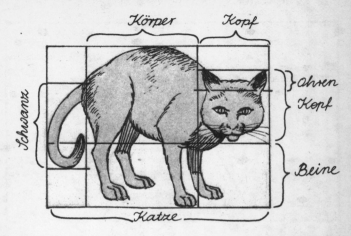

Merken Sie, wieviel lebensechter das Bild mit Hilfe dieser Technik geworden ist? Es ist zwar immer noch kein Elefant, aber es sieht ihm schon viel ähnlicher als beim ersten Versuch!

4. SCHRITT: Wenn Sie jetzt dachten, das Übertragen der Größenverhältnisse wäre das Schwierigste beim Zeichnen, dann warten Sie erstmal, bis Sie zur Perspektive kommen! Diese Technik müssen Sie nämlich beherrschen, um dem Bild den Eindruck der Tiefe zu geben. Das wichtigste dabei ist der sogenannte Fluchtpunkt. Hier ein Beispiel:

Einen anschaulichen Eindruck vom Fluchtpunkt erhalten Sie, wenn Sie sich zwischen die Schienen einer Eisenbahnstrecke stellen, die schnurgerade verläuft. Blicken Sie den Schienen nach . . . bis zu jenem Punkt, wo sich die Stränge zu treffen scheinen. Haben Sie den Fluchtpunkt gesehen?

Nein, Sie haben ihn nicht gesehen . . . denn sonst wären Sie nicht vom Zug überfahren worden! Ihr Fluchtpunkt lag nämlich nicht am fernen Horizont, sondern links oder rechts von den Schienen! Dorthin hätten Sie fliehen müssen, als der Zug kam, Sie Schlafmütze!

Die Perspektive wird immer von der Augenhöhe des Betrachters aus er-
mittelt. Nehmen wir einen einfachen Küchentisch als Beispiel: Wird er von
einem Erwachsenen betrachtet, so sieht er so aus:

Wird er von einem Kind betrachtet, so sieht er so aus:

Wird er von einem Besoffenen betrachtet, so sieht er so aus:

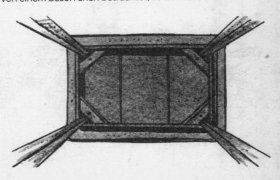

5. SCHRITT: Sehr viel kann man bekanntlich vom nackten menschlichen Körper lernen . . . darunter auch ein paar Dinge, die fürs Zeichnen wichtig sind. Bitten Sie daher eine Schul- oder Arbeitskollegin, sich als Modell zur Verfügung zu stellen. Beweisen Sie ihr, daß Sie ein ernsthafter Kunstfreund sind, indem Sie tatsächlich Papier und Bleistift zur Hand haben. Sollte Ihr Modell beim Ausziehen Hemmungen haben, gehen Sie mit gutem Beispiel voran . . . indem Sie sich ebenfalls ausziehen. Leise Musik trägt zur Lockerung der Atmosphäre bei. Vergessen Sie nicht, die Türen abzuschließen, damit Sie später bei der Arbeit nicht gestört werden . . .

Wenn nun alle diese Vorbereitungen getroffen sind, können Sie mit dem Skizzieren beginnen (oder was haben Sie sonst erwartet, Sie Lustmolch?). Ein Bleistift, den Sie in der ausgestreckten Hand halten, hilft Ihnen dabei, die richtigen Größenverhältnisse zu finden. So könnte zum Beispiel der Kopf des Modells einen halben Bleistift hoch sein, der Rumpf einen ganzen, die Beine eineinhalb Bleistifte, und so weiter. Diese Größenverhältnisse übertragen Sie nun auf das Blatt!

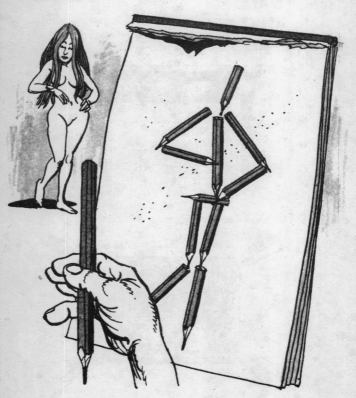

6. SCHRITT: Die genaue Beobachtung der menschlichen Anatomie wird Ihnen die richtigen Proportionen rasch klarmachen. So gilt es zum Beispiel als Faustregel, daß die Gesamthöhe eines Menschen der 7,5fachen Kopfhöhe entspricht. Die Schulterbreite beträgt ungefähr die doppelte Kopfbreite, und die Arme sind bis zu den Fingerspitzen etwa zweieinhalbmal so lang wie der Kopf.

Versuchen Sie nun, mit Hilfe dieser Faustregel einen Menschen zu zeichnen. Sollte jedoch das Ergebnis so ausfallen wie unten, dann ist es wohl am besten, Sie geben's endgültig auf!

Na, so was! Sie sind ja immer noch da! Sie haben also den 1. SCHRITT, daß man niemals aufgeben soll, wirklich beherzigt! Da sehen Sie mal, wie überzeugend unser Lehrbuch ist! Wollen Sie nicht noch ein paar Extra-Exemplare für Ihre Freunde kaufen?

7. SCHRITT: Die Natur kennt vier Grundformen: Kugel, Würfel, Kegel und Zylinder.

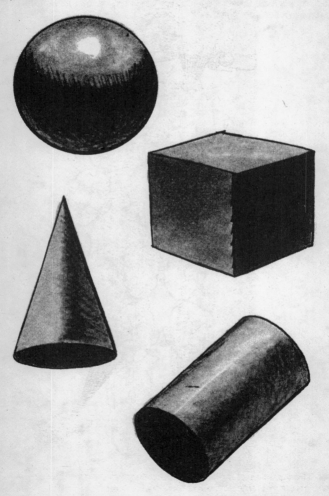

Aus diesen Grundformen setzt sich auch der menschliche Körper zusammen. Versuchen Sie, ihn so zu zeichnen!

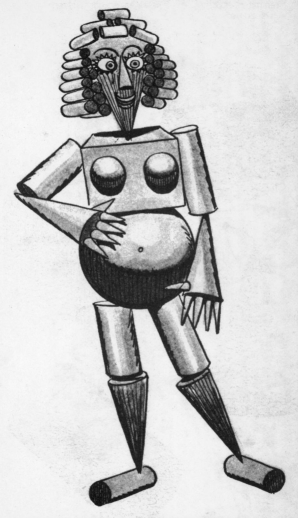

Hm . . . **SO** haben wir es **nicht** gemeint! Aber wenigstens ist es kein Elefant geworden, der wie eine doofe Katze aussieht!

8. SCHRITT: Wie bei jedem Handwerk gibt es natürlich auch hier ein paar Tricks und Kniffe, die Ihnen helfen können, Anfangsschwierigkeiten zu überwinden und das Ergebnis zu verbessern. Wenn Sie zum Beispiel Schwierigkeiten mit einer komplizierten Frisur haben, dann setzen Sie Ihrem Modell einfach einen Hut auf.

Ist das Gesicht schwer zu zeichnen, dann hilft ein Schleier!

Wenn Sie der Körper vor große Probleme stellt, dann verhängen Sie ihn mit einem Tuch . . :

. . . und wenn jetzt die ganze Sache für Sie zu schwierig wird, dann stecken Sie das Modell in ein Zelt, kriechen nach . . . und ändern Ihr Hobby!

9. SCHRITT: Nun, da Sie ein perfekter Zeichner geworden sind, ist es an der Zeit, daß Sie auch ein perfekter Maler werden! Voraussetzung dafür ist, daß Sie sich ein paar Farben anschaffen. Wieviele Farben Sie sich kaufen, hängt nicht allein von Ihrem Geldbeutel ab, sondern auch von Ihrem Fleiß! Denn ein fleißiger Maler, der eine Wiese mit Blumen darstellen will, braucht dazu Dutzende von Farben . . . während ein minder fleißiger Künstler, der den Ozean malen will, mit einem Liter Blau und einer Rollbürste auskommt. (Müßig zu sagen, daß ein Kunstkritiker bei der Betrachtung beider Werke natürlich das Ozean-Bild bevorzugen wird. Was wieder einmal beweist, wie verschroben diese Herren Kritiker sind!)

Mit einer Handvoll Farben und ein bißchen Phantasie* können Sie eine schier endlose Zahl von Farbtönen mischen. Zum Beispiel:

**REINES OCKER-GELB DIREKT
AUS DER TUBE . . .**

**. . . UND REINES KADMIUM-ROT DIREKT
AUS DER TUBE . . .**

... WERDEN GEMISCHT UND DURCH ULTRAMARIN-BLAU ERGÄNZT.

UND DAS ERGEBNIS:

SEHEN SIE ... SO EINFACH IST DAS MIT DER MALEREI!

* In einem Schwarz-Weiß-Buch brauchen Sie natürlich ein wenig mehr Phantasie!

10. SCHRITT: Zugegeben, Sie können jetzt meisterhaft zeichnen und malen! Aber haben Sie sich überlegt, daß dies jeder andere, der dieses Kapitel liest, **ebenfalls** erlernen kann? Ist das nicht verdammt viel Konkurrenz? – Der beste Weg, dies zu verhindern, besteht darin, daß Sie sämtliche Exemplare dieses Buches aufkaufen! Schrecken Sie nicht vor den hohen Kosten zurück . . . in spätestens 20 Jahren haben Sie mit Ihren Bildern alles wieder zurückverdient! Vielleicht sogar schon in 19 Jahren! (Bitte benutzen Sie den leeren Rahmen, um sich die Zukunft in den rosigsten Farben auszumalen!)

6. KAPITEL

SCHNORCHELN

Das Schnorchel-Tauchen ist eine ideale und preiswerte Verbindung von Abenteuer, Erholung und Wissensdurst. Eine simple Taucherbrille ist die einzige Ausrüstung, um die deutschen Seen und Flüsse aus der Nähe zu sehen ... allerdings nur von oben. Denn wenn Sie ins Wasser steigen, sehen Sie leider nichts mehr ... dazu ist es viel zu verdreckt. – Aber lassen Sie uns nicht mit einer so düsteren Note beginnen! Tun wir lieber so, als wären alle unsere Gewässer sauber und klar ... ohne Chemikalien und Giftmüll ... mit einer Vielfalt von Lebewesen und Pflanzen! Fühlen Sie sich jetzt besser?

DIE TAUCHERBRILLE

Taucherbrillen gibt es in unzähligen Größen und Formen. Achten Sie darauf, daß die Maske gut sitzt und genau Ihrer Gesichtsform entspricht, egal, was für eine ungewöhnliche Fresse Sie auch haben mögen ...

Wie verhindert man das Beschlagen?

Durch die Verschiedenheit von Körper- und Wassertemperatur wird jede
Maske früher oder später zu beschlagen beginnen. So seltsam es auch
klingen mag – das beste Gegenmittel ist **Spucke!** Sie brauchen also nur
kräftig in die Maske zu spucken und die Spucke gut zu verteilen – und Ihre
Maske bleibt klar und durchsichtig . . . außer, Ihnen wird von der vielen
Spuckerei so übel, daß Sie hineinkotzen!

Was tun, wenn Wasser in die Maske dringt?

In diesem Fall haben Sie zwei Möglichkeiten: 1. Ertrinken.
2. Die Maske säubern.

Sollten Sie von der ersten Möglichkeit Gebrauch machen, ist das Weiterlesen nutzlos. Im Falle der zweiten Möglichkeit ist das Weiterlesen zwar ebenfalls nutzlos . . . aber da Sie dieses Buch nun schon einmal gekauft haben, können Sie wenigstens ein bißchen Zeit damit totschlagen!

Die einfachste Methode, das eingedrungene Wasser zu entfernen, besteht darin, kräftig durch die Nase zu pusten, so daß das Wasser durch das Ventil nach außen gedrückt wird. Falls ihre Maske kein solches Ventil besitzt, können Sie sie natürlich auch **unter** Wasser ausleeren. In diesem Fall gilt die Möglichkeit 1.

**ZU KLEINES
AUSBLAS-
VENTIL**

SCHWIMMFLOSSEN

Schwimmflossen erhöhen bei gleichem Energieaufwand die zurückgelegte Strecke beträchtlich. Vergleichen Sie dazu die beiden Beispiele: Schwimmer A ist nach 100 Stößen immer noch 35 Meter vom Dock entfernt. Schwimmer B hat jedoch nach 100 Stößen bereits 135 Meter zurückgelegt!

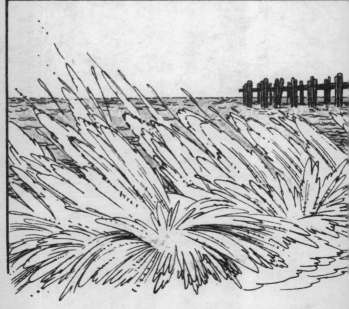

Man unterscheidet zwischen mehreren Arten von Flossen: Schuhflossen . . .
Halbschuhflossen . . . Stöckelflossen . . . Haifischflossen.

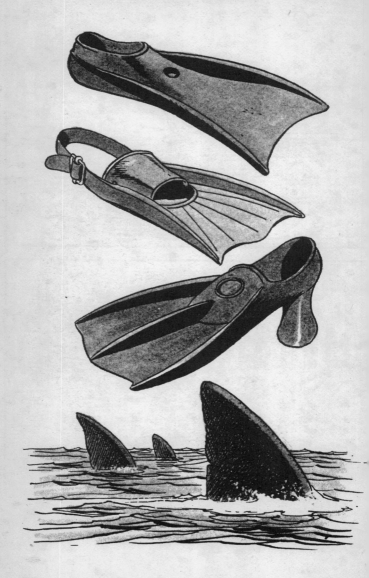

Egal, für welche Art von Flossen Sie sich entscheiden – achten Sie darauf, daß sie gut auf den Füßen sitzen! Zu große Flossen fallen nämlich leicht im Wasser ab – und zu kleine Flossen bleiben an Land für immer dran, so daß Sie dann beachtliche Schuhgrößen wählen müssen, um diese Panne zu verbergen!

DER SCHNORCHEL

Zweck des Schnorchels ist es, einen Schwimmer unter Wasser mit Atemluft zu versorgen. Umgekehrt könnte ein Fisch nach demselben Prinzip in der Luft schwimmen, wenn er einen Schnorchel hätte, der ihn mit Atemwasser versorgte. Wir sind aber nicht dazu da, Fische zu beraten. Die sollen sich gefälligst ihr eigenes Buch schreiben!

Der populärste Schnorchel ist eine Röhre in der Form eines „J". Sollten Sie jedoch einen Schnorchel mit Ihren eigenen Initialen vorziehen, wie zum Beispiel „M", müssen Sie mit Problemen rechnen!

Ausblasen des Schnorchels

Bei jedem Untertauchen füllt sich der Schnorchel mit Wasser. Nach dem Auftauchen ist es daher erforderlich, das Wasser durch kräftiges Blasen aus dem Schnorchel auszustoßen. Jetzt können Sie wieder frei atmen . . . aber nur so lange, bis Sie an Land kommen und jenen Leuten begegnen, denen Sie das Wasser ins Gesicht gespritzt haben!

DIE SCHWIMMWESTE

Für den Fall, daß Sie größere Tauch- oder Schwimmstrecken zurücklegen wollen, empfiehlt es sich, eine aufblasbare Schwimmweste mitzunehmen. Hier ein Beispiel: Sie waren schon stundenlang unterwegs, sind ziemlich erschöpft und werden plötzlich von einem Wadenkrampf befallen. Da Sie jedoch eine Schwimmweste tragen, ziehen Sie am Aufblasventil, die Weste füllt sich mit Preßgas – und zerplatzt mit einem Knall. Jetzt könnten Sie sich dafür ohrfeigen, daß Sie wieder einmal das billigste Modell gekauft haben!

Mit anderen Worten: An der Sicherheit darf man nicht sparen! Hier sehen Sie die besten und meistbenutzten Schwimmwesten:

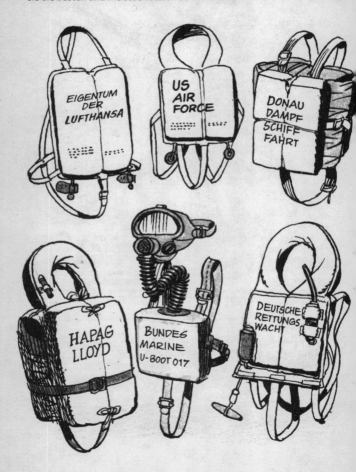

Warnung

Das Aufblasen der Schwimmweste geschieht durch Kohlendioxyd, das in eine Patrone gepreßt wird. Achten Sie beim Auswechseln der Patrone unbedingt auf die richtige Größe . . . sonst ergeht es Ihnen wie diesem Taucher, der in 20 Meter Tiefe in einen Erschöpfungszustand geriet. Er öffnete die Preßgas-Patrone, die jedoch um eine Nummer zu groß war. Dadurch wurde er zwar vorm Ertrinken gerettet, doch starb er kurz darauf am Zusammenprall mit einem Hubschrauber!

SPARSAMKEIT IM LUFTVERBRAUCH

Überflüssige Bewegung bedeutet überflüssigen Luftverbrauch. Deshalb lautet die Grundregel unter Wasser: **Entspannen!** Beachten Sie dazu die beiden Illustrationen: Im ersten Beispiel sehen wir einen Taucher mit heftigen, unnötigen Bewegungen. Mit einem einzigen Atemzug kann er höchstens 15 Sekunden unter Wasser bleiben!

Im Gegensatz dazu ist der zweite Taucher völlig entspannt. Er hat ebenfalls nur ein einziges Mal eingeatmet – und befindet sich bereits seit **17 Minuten** unter Wasser! Nach Meinung von Fachleuten war er mindestens zwei Minuten lang am Leben . . .

AUFTAUCHEN

Die korrekte Art des Auftauchens besteht darin, nach oben zu schauen, eine Hand zu heben und sich langsam zu drehen.

Wie Sie sehen, vermeidet der Taucher durch die ausgestreckte Hand, beim Auftauchen mit dem Kopf ein Boot zu rammen!

Und wie Sie ferner sehen, ermöglicht es der Taucher durch die ausgestreckte Hand, daß ihm die beiden Typen im Boot die wertvolle Taucheruhr klauen!

TAUCHGEWICHTE

Um Ihnen die nötige Stabilität unter Wasser zu verleihen, brauchen Sie je nach dem spezifischen Gewicht Ihres Körpers einen entsprechenden Gürtel mit Bleigewichten. Um Ihnen im Notfall ein rasches Auftauchen zu ermöglichen, ist dieser Gürtel mit einer Reißleine versehen, so daß er mit einem einzigen Zug abgeworfen werden kann. Achten Sie aber darauf, daß Sie nicht an der falschen Schnur ziehen!

DAS TAUCHERMESSER

Vor allem in tieferen Gewässern ist ein Tauchermesser unerläßlich! Unser
erstes Bild zeigt einen Taucher, der von Haien umgeben ist. Er hat kein
Messer und ist zur Untätigkeit verurteilt.
Der Taucher im unteren Bild ist ebenfalls von Haien umringt, hat jedoch ein
Messer, das er nun erfolgreich einsetzen kann . . . indem er sich die Kehle
durchschneidet, um sich ein qualvolles Leiden zu ersparen. Denn gegen
Haie ist das Messer leider wirkungslos!

Eignungstest

Das Schnorchelteltauchen ist nicht jedermanns Sache. Bevor Sie sich dazu entschließen, sollten Sie daher folgende Fragen beantworten:

1. Kann ich 100 Meter ohne Unterbrechung schwimmen?
2. Kann ich 3 Minuten untertauchen, ohne Luft zu holen?
3. Kann ich 3 Monate untertauchen, ohne daß mich die Bullen kriegen?
4. Würde ich in Panik geraten, wenn mir ein Hai begegnet?
5. Würde ich in Panik geraten, wenn ich unter Wasser meine Tauchermaske verliere?
6. Würde ich in Panik geraten, wenn mir ein Hai begegnet, der meine verlorene Tauchermaske aufhat?
7. Lockt mich die unbekannte Tiefe?
8. Lockt es mich, in der unbekannten Tiefe einen Schatz zu suchen?
9. Würde ich in Panik geraten, wenn der Schatz schon verheiratet ist?
10. Wie heißt die Hauptstadt von Afghanistan?

Wenn Sie alle diese Fragen mit „Ja" beantworten, haben Sie die idealen Voraussetzungen. Aber nicht für den Tauchsport, sondern für ein anderes Freizeit-Hobby: Das Lügen!

Schlußwort

Wie schon zu Anfang gesagt, muß das Schnorchel-Tauchen nicht unbedingt teuer sein. Zwar brauchen Sie eine große Anzahl von Zubehör . . . wie Schnorchel, Maske, Flossen, Schwimmweste, Bleigewicht, Messer und Taucheruhr – doch bekommen Sie diese Gegenstände stets preiswert aus zweiter Hand. Die Bezugsquellen dafür erfahren Sie aus Ihrer Tageszeitung unter der Rubrik „Todesanzeigen".

7. KAPITEL

BASTELN

Betrachten Sie diesen Raum mit all den herrlichen, handgefertigten Stil-
möbeln! Glauben Sie ja nicht, daß deren Besitzer Ihnen eine gewaltige hand-
werkliche Begabung voraus hätte. Ganz und gar nicht! Das einzige, was ihn
von Ihnen unterscheidet, ist sein Selbstvertrauen und seine Entschlossen-
heit, es selber zu versuchen. Dazu kaufte er sich ein paar rohe Bretter aus
Edelholz, begann zu hämmern, zu sägen und zu nageln . . . und schon nach
drei Monaten hatte er das Rohmaterial in einen Haufen Späne und Abfall
verwandelt. Anschließend ging er in ein Geschäft und kaufte sich diese
herrlichen, handgefertigten Stilmöbel.

Warum klappte es nicht so wie er wollte? Weil es damals dieses Buch noch
nicht gab! Hätte er es vorher gelesen, so hätte er für das gleiche Resultat
nur **drei Wochen** gebraucht!

WERKZEUG

Ganz bestimmt haben Sie schon eine ganze Menge Werkzeug . . . vielleicht sogar mehr als Sie glauben. Aber da Sie es ungeordnet in irgendeine Gerümpelkiste oder eine finstere Kellerecke geworfen haben, haben Sie jede Übersicht verloren. – Das erste Gebot für den ernsthaften Heimwerker ist es jedoch, sein Werkzeug mit Respekt zu behandeln! Holen Sie es daher heraus, säubern und pflegen Sie es sorgfältig und bringen Sie es so an, daß Sie es jederzeit übersichtlich und griffbereit zur Hand haben!

Mit ein bißchen Phantasie läßt sich jeder Raum in eine praktische Werkstatt verwandeln!

DIE WERKBANK

Genau so, wie Sie einen Platz für Ihr Werkzeug brauchen, benötigen Sie auch einen Platz zum Arbeiten. Die ideale Lösung wäre eine komplett ausgestattete Werkbank, doch da diese nicht gerade billig ist, kann sich der Bastelfreund leicht selber behelfen. Hier sehen wir eine preiswerte, aber praktische Eigenkonstruktion, bestehend aus einer 2 cm dicken Sperrholzplatte, mehreren Leisten (5 x 10 cm) und einem Rokoko-Schreibtisch aus dem Nachlaß von Fürst Metternich.

MASCHINENWERKZEUG

Während es früher der Stolz jedes Bastlers war, alle Arbeiten nur mit der Hand auszuführen, haben sich Maschinenwerkzeuge heute auch beim Heimwerker durchgesetzt. In der Tat kann maschinelle Hilfe beim Basteln viel Zeit ersparen. Während man früher zum Durchsägen einer Sperrholzplatte mehrere Minuten brauchte, geht dies heute in Sekundenschnelle! Vergessen Sie aber nicht, vorher die Schnitt-Tiefe richtig einzustellen ...

BASTELPROJEKT NR. 1: WANDTÄFELUNG

Beginnen wir mit einem relativ einfachen Projekt, dessen Ergebnis Sie mit viel Freude und Genugtuung erfüllen wird. Das Material dafür erhalten Sie in jeder Tischlerei in Form von großen, fertig bearbeiteten Holztafeln in den verschiedensten Maserungen (Paneelen). Hier sehen wir ein Ehepaar, das einen 3 mal 4 Meter großen Raum in einem einzigen Nachmittag vertäfelte! Allerdings wird es viele weitere Nachmittage dauern, bis sie die Täfelung wieder abmontiert haben, da sie in ihrem Eifer leider vergaßen, Öffnungen für Türen und Fenster freizulassen . . .

102

BASTELPROJEKT NR. 2: PANORAMA-FENSTER

Um eine leere Wand durch ein Panorama-Fenster lebendiger zu machen, ist es zunächst notwendig, die genauen Umrisse des geplanten Fensters einzuzeichnen. Mit einem Brechhammer schlagen Sie dann diesen Mauerteil aus.

Wenn Sie jetzt genau jene Aussicht haben, die Sie sich immer wünschten, dann haben Sie die Anleitung korrekt befolgt.

Wenn Sie aber Dinge sehen, die rund um diese Aussicht **herum** liegen, dann haben Sie einen kleinen Fehler gemacht . . .

Jetzt ist es so weit, daß Sie die Öffnung mit einem Fensterrahmen ausfüllen können. Falls Sie dazu kein Geld oder keine Lust mehr haben, tut's auch ein Stück Transparentfolie.

ACHTUNG: Wenn Sie nicht der Besitzer des Gebäudes sind, in dem Sie das Panoramafenster einbauen wollen, müssen Sie natürlich vorher die Genehmigung des Hausbesitzers einholen ... oder, wie im unteren Fall, die Genehmigung des Gefängnisdirektors.

BASTELPROJEKT NR. 3: HOLZBALKENDECKE

Schon immer haben Sie sich ein Party- oder Spielzimmer im Keller Ihres Hauses gewünscht, doch stellten Sie die Heizungs- und Wasserrohre, die kreuz und quer über die Decke liefen, vor ein unlösbares Problem. Dieses Hindernis ist aber schnell überwunden, wenn Sie, anstatt die Rohre zu verlegen, eine neue Decke **darunter** anbringen. Befestigen Sie zu diesem Zweck unterhalb des **tiefsten Punktes,** den die Rohre bilden, mehrere 2 x 10 cm starke Balken, so daß diese ein quadratisches Netz ergeben. Daran können Sie nun formschöne Platten aus Holz oder Kunststoff anbringen!

BASTELPROJEKT NR. 4: EIN VIERSTÖCKIGES HAUS

Nun, da Sie die einfachsten Bastelprojekte beherrschen, wird es Zeit für eine etwas schwierigere Aufgabe. Hier ist das Grundmaterial, das Sie dazu benötigen:

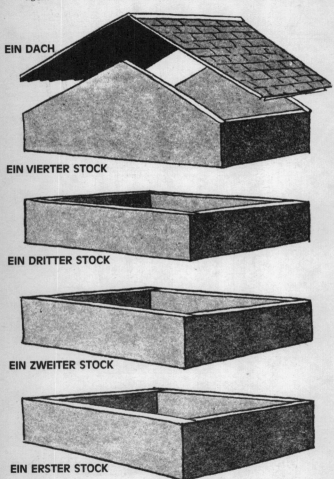

EIN DACH

EIN VIERTER STOCK

EIN DRITTER STOCK

EIN ZWEITER STOCK

EIN ERSTER STOCK

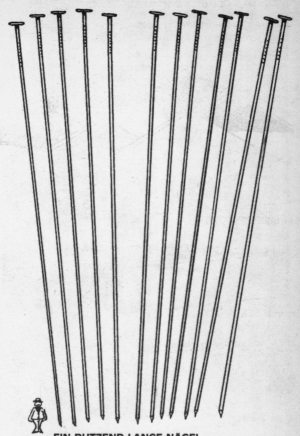

EIN DUTZEND LANGE NÄGEL
(10 cm länger als 4 Stockwerke)

EIN GROSSER HAMMER

Stellen Sie die vier Stockwerke in der richtigen Reihenfolge übereinander, setzen Sie das Dach auf und schlagen Sie Nägel ein, wobei Sie darauf achten müssen, daß sie richtig durchgeschlagen sind, da es die letzten 10 Zentimeter sind, die das Haus am Boden festhalten!

Machen Sie sich nichts draus, daß das Haus ein bißchen wacklig ist und auch sonst nicht all den Komfort aufweist, den man von einem modernen Gebäude erwartet! Denken Sie lieber daran, welch unverschämt hohe Mieten man für manche Buden zahlen muß, die noch um viele Grade schlimmer sind als das, was Sie eben gebaut haben! Also beruhigen Sie Ihr Gewissen . . . und kassieren Sie die Früchte Ihrer Arbeit!

KEGELN

Alle Fachleute stimmen darin überein, daß es über das Kegeln nicht viel zu sagen gibt. Die Kugel wird auf die Kegel zugerollt...

... worauf die Kegel umfallen.

Auch wir stimmen mit den Fachleuten darin überein, daß es über das Kegeln nicht viel zu sagen gibt.

MUSKELTRAINING

Über das Muskeltraining sowie die Männer, die sich damit befassen, wird viel Unsinn geredet. So hört man zum Beispiel immer wieder das alte Vorurteil, daß ein richtiger Muskelmann für nichts anderes Interesse hat, als seinen Körper im Spiegel zu bewundern. – So ein Quatsch! Ein Blick in irgendein Trainings-Center genügt, um festzustellen, daß dies auf höchstens 98% der Fälle zutrifft!

Eine andere Legende lautet, daß man als Bodybuilder jeden Tag mindestens zwei Stunden lang trainieren muß, um in Form zu bleiben. Lächerlich! Eine Stunde und fünfzig Minuten tun's genau so!

Ein drittes Märchen besagt gar, daß man mit dem Training niemals aufhören dürfe . . . sonst würde man schlaff werden und sämtliche Muskeln verlieren. – Unser Bild beweist, wie falsch diese Annahme ist! Dieser Sportler hat bereits vor einer Woche zu trainieren aufgehört und trotzdem keinen einzigen Muskel verloren! Ein paar haben sich ein wenig verlagert . . . aber **da** sind sie noch alle!!

Die Gründe, warum sich jemand für das Muskeltraining interessiert, sind vielfältig. Die einen tun dies aus Freude am eigenen Körper (wobei freilich die Freude an einem **anderen** Körper viel größer sein kann – doch gehört dies nicht hierher, denn schließlich sind wir ein **Lehrbuch** ... und kein Porno!) Andere wiederum tun dies zur Selbstverteidigung, wie zum Beispiel dieser Junge, der am Strand ständig von den größeren Kerlen gedemütigt wurde, indem sie ihm Sand ins Gesicht kickten.

Nach nur einjährigem, intensivem Muskeltraining wagte sich kein Frechling mehr an ihn heran. Statt dessen begannen allerdings jetzt die **Mädchen,** ihm Sand ins Gesicht zu kicken ...

DIE AUSRÜSTUNG

Das wichtigste Trainingsgerät des Muskelsportlers ist die Hantel. Sie zerfällt in die kleinere **Kugelhantel** zum einarmigen Training, und in die große **Scheibenhantel,** die man mit verschieden schweren Gewichten bestücken kann. Auch die Scheibenhantel zerfällt wiederum . . . und zwar immer dann, wenn man vergißt, die Gewichte festzuschrauben!

Wichtig ist, daß die Hantelstange stark genug für die Gewichte ist, die auf ihr angebracht werden. Wie unser Bild beweist, ist hier Sparsamkeit fehl am Platz!

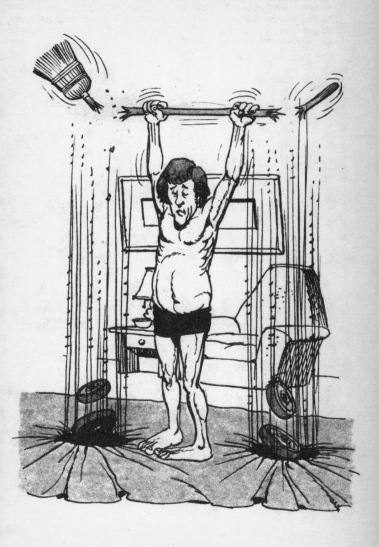

Natürlich gibt es für den aktiven Muskelsportler auch maschinelle Hilfen, doch empfiehlt es sich, die Anschaffung solcher Geräte professionellen Fitness-Studios zu überlassen. Denn erstens sind sie so teuer, daß Sie billiger davonkommen, wenn Sie die Frechlinge am Strand täglich mit Geld bestechen, damit sie Sie in Ruhe lassen, und zweitens ist die Handhabung der Geräte mitunter recht kompliziert, so daß Sie leicht in eine unangenehme Lage kommen können ...

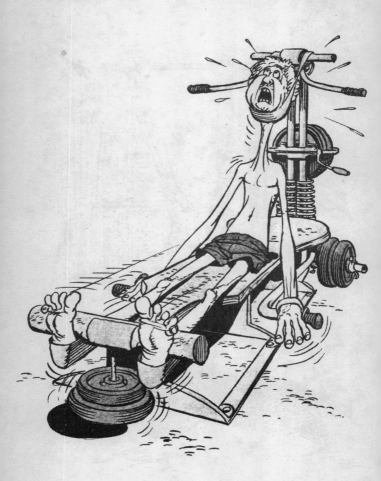

STÄRKUNG DER RÜCKENMUSKULATUR

Stellen Sie sich hinter die Hantel, beugen Sie sich vor, lassen Sie die Arme hängen und fassen Sie so die Hantel an. Jetzt ziehen Sie sie langsam hoch, ohne sich dabei aufzurichten, bis die Stange Ihre Brust berührt. Wiederholen Sie diese Übung so oft Sie können . . . aber übertreiben Sie nicht! Sonst haben Sie ein kleines Problem beim Gehen . . .

STÄRKUNG DER ARMMUSKULATUR

Halten Sie die Hantel in Hüfthöhe und drücken Sie sie bis zum Kinn hoch, ohne die Körperhaltung zu verändern. Dies ist die beste Übung, um die Bizeps-Muskeln zu stärken und damit die Umwelt zu beeindrucken!

NACH EINEM MONAT

NACH ZWEI MONATEN

NACH DREI MONATEN

STÄRKUNG DER BRUSTMUSKULATUR

Legen Sie sich flach auf eine Bank und halten Sie die Hantel in Brusthöhe.
Jetzt heben und senken Sie das Gewicht, so oft dies Ihre Kondition zuläßt.
Es gibt keine bessere Methode, um die Brustmuskeln zu stärken. So mancher
neidische Blick wird Ihnen sicher sein . . . vor allem von Frauen!

EMPFEHLENSWERTE BÜCHER

Für den Fall, daß Sie sich mit dem Muskeltraining näher befassen wollen, sollten Sie auch die theoretische Seite nicht außer acht lassen. Deshalb empfehlen wir Ihnen einige wichtige Bücher zu diesem Thema:

„Meine Leistungen als Gewichtheber" von Max Stramm; die Autobiographie eines Schwerathleten, 1. Teil

„Meine Leistenbrüche als Gewichtheber" von Max Stramm; die Autobiographie eines Schwerverletzten, 2. Teil

„Muskelsport für Jedermann!" 99 Gründe, warum man Bodybuilding betreiben soll – Herausgegeben vom Landesverband Deutscher Orthopäden

„Der Glöckner von Notre Dame", die faszinierende Entwicklung eines französischen Kraftsportlers; von Victor Hugo

„100 Tips für den Verkauf Ihrer Bodybuilding-Ausrüstung" von Alfred E. Neumann

10. KAPITEL

JAGDSPORT

Wer diesen Sport ausübt, beweist, daß er ein ganzer Mann ist!

Sie haben einen Jagdschein erworben und rüsten sich für Ihren ersten Jagdausflug aus. Da er den einzigen Laden in Ihrer Ortschaft hat, verlangt der Wucherer das Doppelte des normalen Preises . . . aber was wollen Sie machen? Der Kerl ist zwar gut 10 Zentimeter kleiner als Sie, aber man weiß ja, wie gefährlich diese kleinen, zähen Kerle sind. Also halten Sie schön brav den Mund.

Sie werfen das Zeug ins Auto und brausen los. Natürlich gibt es Ärger mit dem Förster, der Ihnen jede Menge Vorschriften machen will ... als ob Sie nicht selber ganz genau wissen, was Sie zu tun haben! Aber was wollen Sie machen? Auch mit einem Achtzigjährigen soll man sich lieber nicht anlegen ... wer weiß, vielleicht kann er Karate ...

Also verabschieden Sie sich freundlich und ziehen los. Endlich sind Sie da ... im Wald ... in der freien Natur, wo es keine falschen Rücksichten gibt, sondern wo einzig und allein das Recht des Stärkeren gilt. Und SIE sind der Stärkere! Wehe dem, der sich Ihnen jetzt in den Weg stellt! Dem würden Sie's zeigen! Gnadenlos würden Sie ... da!! Ein Geräusch in der Lichtung ... eine Feldmaus!! Ha! Diese dreckige kleine ☆✹☀!✿★☺ ! Na warte, du☆✿✹!✿★☺ !!! Sie zielen ... Sie feuern ...

... haben Sie sie erwischt? Ist ja auch egal. Denn **irgendetwas** haben Sie bei dem Geballere **bestimmt** getötet! Und das ist die Hauptsache!

Willkommen in der edlen Zunft des Waidwerks!

DIE AUSRÜSTUNG

Es versteht sich von selbst, daß Sie für jede Tiergattung eine eigene Flinte brauchen. So wäre es zum Beispiel absolut lächerlich, mit einer Elefanten-büchse auf Hasenjagd zu gehen; eine Mauser-Automatic mit Teleskopvisier tut's doch auch!

Machen Sie sich vertraut mit Ihrem Gewehr! Jede Waffe hat ihre Besonder-heit, weshalb es wichtig ist, genau über ihre Handlichkeit, Rückstoßkraft und Zielgenauigkeit Bescheid zu wissen. Wenn Sie einmal im Wald sind, ist es zu spät. Üben Sie vorher!

Vergessen Sie nicht, daß das Wild in der freien Natur so manchen Vorteil gegenüber dem Jäger hat. Nehmen wir als Beispiel das Reh: Schamlos nutzt es seine Tarnfarbe aus, um sich im Wald zu verstecken!

Zögern Sie deshalb nicht, diesen Vorteil des Tieres durch moderne, technische Hilfsmittel auszugleichen, damit zwischen Wild und Waidmann wieder ein faires, sportliches Gleichgewicht herrscht. Dazu dient:

DAS WECHSELSPRECHGERÄT, um allen Jagdgenossen im Umkreis von 10 Kilometern mitzuteilen, daß Sie was rascheln hörten.

DER GELÄNDEWAGEN, um jenes Wild einzuholen, das sich schneller als 5 km/h fortbewegen kann.

DER HUBSCHRAUBER, um das Wild leichter zu erspähen, ohne sich über Hecken, Brennesseln und Stechmücken ärgern zu müssen.

DER FAHRBARE JAGDSITZ, um auch bei der Hochwildjagd nicht auf die Annehmlichkeiten der Zivilisation verzichten zu müssen und die Beute möglichst vom Fenster aus erlegen zu können.

Auch **Jagdhunde** können das harte, mühsame Los des Waidmanns ein wenig erleichtern, indem sie die Beute hetzen und stellen. Doch die schwerste Aufgabe bleibt dennoch **Ihnen** überlassen: Das Ziehen des Abzugs!

Auch hier bewährt sich die Regel: An der Ausrüstung darf man nicht sparen! Sie gilt um so mehr, als das Jagen bekanntlich immer schwieriger wird. Den Grund dafür sehen sentimentale Gemüter darin, daß bestimmte Tierarten angeblich aussterben. Das ist natürlich nichts als eine Zwecklüge wehleidiger Schwächlinge! Die Wahrheit ist, daß die Tiere **gescheiter** wurden und gelernt haben, sich **besser zu verstecken!** Der Waidmann hat daher nicht nur das Recht, sondern sogar die Pflicht, die Bestien in ihren Schlupfwinkeln aufzustöbern!

JAGDREVIER

Es versteht sich von selbst, daß die bestbestückten Jagdreviere nicht gerade billig sind. Dem preisbewußten Waidmann sei deshalb ans Herz gelegt, daß das Jagdvergnügen nicht unbedingt nur aus dem sofortigen Abschuß bestehen muß! Auch das Lauern und Pirschen kann reizvoll sein! Versuchen Sie's deshalb zur Abwechslung mal mit einem zweitklassigen Revier! Freilich müssen Sie dann damit rechnen, daß Sie nicht mehr jeden Abschuß vom Zimmerfenster aus machen können ...

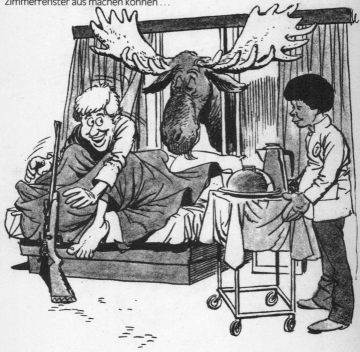

DAS AUFSPÜREN DES WILDES

Die besten Jagdgebiete sind natürlich diejenigen, wo es die meisten Tiere gibt. Ideal ist demnach jeder Zoo. Doch ist hier Vorsicht angebracht: Ein Waidmann im Zoo wird mit Sicherheit Ärger mit sogenannten „Tierfreunden" bekommen. Denn leider ist es nun einmal so, daß jedes Vergnügen auf der Welt irgendwelche Sauertöpfe aufs Tapet bringt, die aus reinem Oppositionsgeist dagegen sind. Lassen Sie sich von solchen Miesmachern nicht einschüchtern und denken Sie daran, welche Seite in diesem Streit die besseren Waffen hat!

So lächerlich es klingen mag: Als bester Hinweis auf die unmittelbare Nähe des Wildes gilt, wenn man am Boden frische . . . äh . . . Häufchen („Losung") findet. Auch wenn der Waidmann nicht danach Ausschau hält, stolpert er oft unfreiwillig über eine solche Spur . . .

Da das Wild bekanntlich einen ausgezeichneten Geruchssinn hat, ist es wichtig, sich stets **entgegen** der Windrichtung der Beute zu nähern! Um die Windrichtung zu ermitteln, werfen Sie eine Handvoll Sand in die Luft!

Der Wind bläst vom Jäger weg.

Der Wind bläst zum Jäger hin.

DIE TREIBJAGD

Bei dieser Methode wird das Wild vor dem Abschuß zusammengetrieben. Zu diesem Zweck wird die Jagdmannschaft in zwei Gruppen aufgeteilt: In die **Schützen,** die an einer Lichtung, an einem Weg oder am Waldrand eine geschlossene Kette bilden; und in die **Treiber,** die das Wild auf die Schützen zutreiben. Sobald dann das Wild aus dem Unterholz hervorbricht, eröffnen beide Gruppen das Feuer.

Wichtig für den ungetrübten Genuß dieser Jagdmethode ist es, daß sich in beiden Gruppen keine schlechten Schützen befinden.

DER ANSTAND

Wenn Sie ungern durch den Wald streifen, weil Sie befürchten, von einem kurzsichtigen Jagdkollegen für ein Stück Wildbret gehalten zu werden, dann ist das Lauern im Anstand das Richtige für Sie. Unser Bild zeigt ein solches Versteck, das gut getarnt ist und sich harmonisch in die Umgebung fügt.

Leider war dieser Anstand **zu gut** getarnt ... denn er täuschte nicht nur die Tiere, sondern auch ein paar Jäger, die ein verdächtiges Geräusch aus dem Versteck hörten und sofort das Feuer eröffneten!

DAS ANPIRSCHEN

Das richtige Anschleichen („Anpirschen") an das Wild erfordert vollendete Körperbeherrschung. Ein intensives Trainingsprogramm ein bis zwei Wochen vor dem Jagdausflug ist daher unbedingt zu empfehlen. Am meisten lernen Sie, wenn Sie geräuschlos unter niedrigen Möbelstücken wie Rauchtischen, Stühlen und Sofas durchkriechen . . .

Da die Verhältnisse auf freier Wildbahn ganz anders sind als in Ihrem Wohnzimmer, ist es wichtig, daß Sie in der Praxis möglichst die gleichen Bedingungen schaffen wie beim Training!

DER ABSCHUSS

Endlich **(lechz!)** kommt der Augenblick, auf den wir alle so lange gewartet haben! Der Kernpunkt jeder Jagd! Der Moment, der das Herz jedes braven Waidmanns höher schlagen läßt ... der **Abschuß!** Wenn Sie das Tier im Visier haben, ziehen Sie mit dem Zeigefinger am Hahn, ohne das Gewehr zu verwackeln ... und PENG! Versuchen Sie, die Beute mit einem einzigen Schuß zu erlegen (Blattschuß), sonst kann es Ihnen passieren, daß das blöde Vieh blutend und ächzend durch den Wald hinkt und Ihnen die Mühe macht, weiß Gott wie viele Schritte nachzurennen ...

Nach dem Abschuß hängen Sie das Tier mit dem Kopf nach unten an einen Ast und schlitzen ihm mit dem Fangmesser die Kehle auf, damit das Blut abfließt; anschließend wird es aufgebrochen, um die Eingeweide zu entfernen, und gehäutet. Hier sehen wir eine Jagdgruppe beim Ausweiden. Während der eine Teilnehmer nicht genug kriegen kann und bereits nach dem nächsten Opfer Ausschau hält, haben die anderen soeben beschlossen, Vegetarier zu werden . . . Waidmannsheil!

11. KAPITEL

SPORTFLIEGEN

Geschmeidig und mit geballter Kraft rast der Silbervogel die Startbahn entlang. Jezt ziehen sie leicht am Höhenruder . . . und die Erde bleibt unter Ihnen . . . Sie steigen empor in die blaue Unendlichkeit! Es ist Ihr erster Alleinflug! Nie waren Sie so frei wie jetzt . . . nie zuvor haben Sie Ihr Geschick so sehr in den eigenen Händen getragen. Ein Routineblick über die Instrumente, die Steigrate, der Tourenzähler, der Höhenmesser . . . eine Welle des Stolzes überflutet Sie, macht Sie beinahe schwindelig vor Glück . . . jetzt sind Sie eins mit Ihrer Maschine . . . frei und leicht fliegen Sie dahin . . .

. . . und krachen Sekunden später in den Kontrollturm! Und damit, lieber Freund, haben Sie eine wichtige Lektion gelernt: nämlich daß das Fliegen nicht nur aus Lustgefühlen besteht, sondern daß man auch gelegentlich gucken soll, **wohin** man fliegt!

Das gleiche Problem haben übrigens auch die Berufspiloten. Allerdings wird das Lustgefühl bei denen nicht durch die Freude am Fliegen ausgelöst, sondern durch die Freude an den knackigen Stewardessen. Wie die Kerle mit diesem Lustgefühl fertig werden, ist **deren** Problem. **Ihr** Problem hingegen ist es jetzt, wie Sie nach der „Landung" auf dem Kontrollturm jemals wieder ein Flugzeug anvertraut bekommen!

WARUM FLIEGEN LERNEN?

Um diese Frage zu beantworten, brauchen Sie bloß auf das Verkehrschaos da unten auf das Autobahnkreuz zu gucken! Denn die gleiche Entfernung, für die Sie mit dem Auto mindestens drei Stunden benötigen, legen Sie im Flugzeug in knapp einer Stunde zurück!

Zugegeben . . . es gibt auch in der Luft Verkehrsprobleme, und über größeren Flughäfen müssen sie mit einer Wartezeit von mindestens drei Stunden rechnen, bevor Sie die Landeerlaubnis bekommen. Aber ist es nicht viel spannender, in der Luft 250 Kreise zu ziehen . . . als auf der Autobahn stumpfsinnig dahinzuschleichen?

Natürlich sind Sie nach der Landung ebenfalls auf die verstopften Auto-
bahnen angewiesen, wenn Sie nach Hause fahren. Aber mit ein bißchen
Radiomusik und netter Gesellschaft ist so eine Autofahrt bestimmt viel
spannender als 250 stumpfsinnige Kreise in der Luft!

Ein weiterer Vorteil der Privatfliegerei besteht darin, daß Sie im Urlaub nicht
mehr auf die abgedroschenen Touristenziele angewiesen sind, sondern
neue, unbekannte Fernen erobern können!

Für den Geschäftsmann ist das Privatflugzeug der Schlüssel zum Erfolg. Statt auf unpersönliche Briefe oder Anrufe angewiesen zu sein, kann er nun seine Kunden jederzeit durch einen persönlichen Besuch beeindrucken!

Leider konnte ich Sie heute früh nicht mehr telefonisch erreichen, da Sie schon hierher unterwegs waren! Tut mir leid, Herr Klabuster, aber diese Reise hätten Sie sich sparen können . . . da wir beschlossen haben, den Auftrag an eine andere Firma zu vergeben!

Mit einem Pilotenschein sind Ihrer Unternehmungslust keine Grenzen mehr gesetzt! Jetzt brauchen Sie nur einem Luftsportverein beizutreten . . . und dann geht's los!!

DIE FLIEGERSPRACHE

Wenn Sie beim ersten Besuch einer Fliegerkneipe die Piloten beim Reden belauschen, werden Sie kein Wort davon verstehen. Aber bald werden Ihnen Ausdrücke wie QNH, VOR, Adiabatik und Transponder so geläufig sein, daß Sie sie selber zu benutzen beginnen. Natürlich verstehen Sie auch jetzt noch kein Wort davon . . . aber wenigstens können Sie damit einen Neuling beeindrucken, der zum erstenmal eine Fliegerkneipe besucht!

WARUM FLIEGT EIN FLUGZEUG?

Eine der Ursachen, warum manche Menschen vor dem Fliegen Angst haben, ist ihre Unkenntnis der aerodynamischen Zusammenhänge. Unser Diagramm zeigt die wichtigsten Faktoren des Fliegens:

UNTERDRUCK
BLUTDRUCK
UNTERDRUCK
ÜBERDRUCK
ÜBERDRUCK
BUCHDRUCK
REIFENDRUCK

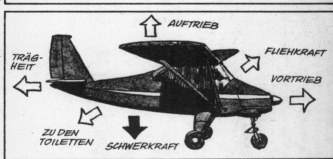

AUFTRIEB
TRÄGHEIT
FLIEHKRAFT
VORTRIEB
ZU DEN TOILETTEN
SCHWERKRAFT

ANSTELLWINKEL
ABSPRUNGWINKEL

So, jetzt wissen Sie, warum ein Flugzeug fliegt. Und damit ist der **einfache** Teil des Kurses beendet. Jetzt wird's ein wenig schwieriger!

DIE CHECKLISTE

Wenn ein Autofahrer in seinen Wagen einsteigt, braucht er nur zu überprüfen, ob er genug Benzin im Tank hat. Und falls sich später herausstellt, daß irgend etwas nicht in Ordnung ist, fährt er einfach rechts ran und bleibt stehen.

Beim Fliegen ist dies nicht so einfach ... und zwar hauptsächlich deswegen, weil es in der Luft nur wenig Möglichkeiten gibt, rechts ran zu fahren und stehenzubleiben. Aus diesem Grund bedient sich der Pilot vor jedem Start der sogenannten Checkliste, die sämtliche für den Flug wichtigen Prüfpunkte enthält. Er liest sie laut vor, kontrolliert die Maschine entsprechend nach und hakt sie dann ab:

1. Ist das Handschuhfach aufgeräumt?
2. Sind die Aschenbecher geleert?
3. Ist das Funkgerät auf den Lieblingssender eingestellt?
4. Sind die Brötchen im Frischhaltebeutel?
5. Ist der Pilot im Flugzeug?

Wenn mindestens 3 dieser 5 Punkte mit „Ja" beantwortet werden können, ist die Maschine startbereit.

ACHTUNG: Mit der Sicherheit ist nicht zu spaßen! Nehmen Sie daher die Checkliste ernst, und starten Sie niemals – wir wiederholen: NIEMALS!, wenn nicht mindestens 3 dieser 5 Punkte mit „Ja" beantwortet sind!

DIE INSTRUMENTE

Auch bei kleinen Flugzeugen ist der Laie immer wieder über die Vielfalt der Instrumente erstaunt und verwirrt. Hier ein Blick in das Cockpit einer typischen Sportmaschine.

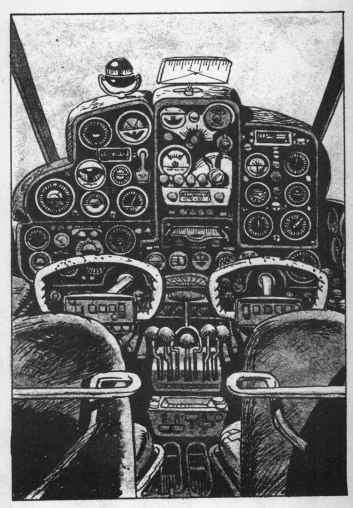

Jetzt werden Sie wahrscheinlich denken: „Wenn schon das Instrumenten-
pult eines Sportflugzeuges so reichhaltig ist, wie muß es dann bloß im Cockpit eines Passagierflugzeuges aussehen?!?" – Weit gefehlt, lieber Freund!
Denn dank der modernen Elektronik haben die Piloten der Verkehrsmaschinen die meiste Arbeit an Computer abgegeben . . . wie ein Blick in das
Cockpit eines Jumbo-Jets beweist:

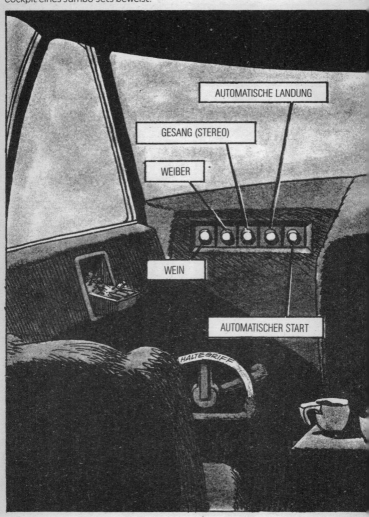

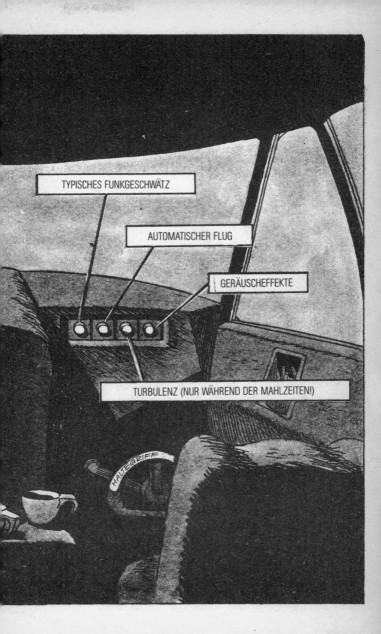

DAS BEHERRSCHEN DER FLUGMANÖVER

Bevor Sie versuchen, die einzelnen Flugmanöver beherrschen zu können, sollten Sie sich fragen, ob Sie sich eigentlich **selber** beherrschen können! – Also . . . beherrschen Sie sich!

DIE TRIMMUNG: Mit Hilfe des Trimmrades können Sie die Fluglage der Maschine stabilisieren. Ist die Trimmung zu hoch eingestellt, neigt das Flugzeug zum Sinkflug, ist sie zu tief eingestellt, neigt es zum Steigflug. – Hier sehen wir eine Maschine, die perfekt ausgetrimmt ist . . .

Vielleicht hat der eine oder andere Leser beim Betrachten des Bildes die seltsamen Schatten bemerkt, die oben von den Wolken herunterhängen. Ein genauerer Blick ergibt, daß es sich dabei um **Gebäude** handelt! Mit anderen Worten: das Flugzeug ist zwar perfekt ausgetrimmt, fliegt aber auf dem **Rücken** . . . eine Fluglage, die weder für das Einnehmen von Mahlzeiten noch für die Landung besonders empfehlenswert ist!

150

DIE STEUERUNG beim Flugzeug entspricht im Prinzip der Steuerung eines Autos. Drehen Sie das Steuerrad nach rechts, so bewegen Sie damit das Querruder, und das Flugzeug dreht nach rechts ab; und drehen Sie es nach links, so schwenkt das Flugzeug nach links. Nun aber folgt ein wichtiger Unterschied. Wenn Sie am Steuerrad **ziehen,** so betätigen Sie das Höhenruder, und das Flugzeug **steigt.** Sollte dies auch bei Ihrem **Auto** der Fall sein, so fliegen Sie damit sofort zur nächsten Werkstatt und lassen die Sache überprüfen!

DIE FUSSBREMSE: Genau wie ein Auto hat auch das Flugzeug eine Fußbremse, mit der Sie die Maschine nach dem Ausrollen zum Stehen bringen können. Für den Neuling ist es jedoch wichtig zu wissen, daß diese Bremse grundsätzlich nur auf dem Boden wirksam ist!

DAS BORDBUCH

Jeder Pilot ist dazu verpflichtet, ein Bordbuch zu führen, in dem sämtliche Flugstrecken, Zeiten und besonderen Vorkommnisse verzeichnet werden müssen. Hier einige Beispiele:

NAME DES PILOTEN *AL JAFFEE*

DATUM *19.6.*   FLUGZEIT VON *1315*   BIS *1349*

KENNZEICHEN *D-ECDR*   STRECKE *PLATZRUNDE*

BEMERKUNGEN: *ERSTMALS MEINE KEGELBRÜDER MITGENOMMEN. DIE KERLE WAREN WOHL ZU SCHWER – DENN BEIM START AUCH NOCH DEN KIRCHTURM MITGENOMMEN... UND DIE RICHTANTENNE VOM POSTAMT!*

NAME DES PILOTEN *AL JAFFEE*

DATUM *26.6. / 1.7.*   FLUGZEIT VON *0900*   BIS *0920*

KENNZEICHEN *D-ECDR*   STRECKE *ÜBERLANDFLUG*

BEMERKUNGEN: *START HEUTE NICHT SO FLACH WIE LETZTEN SONNTAG... ABER VIELLEICHT ETWAS ZU STEIL. GERIET IN DEN FRACHTRAUM EINER BOING 747... UND MUSSTE MIT NACH TOKIO... OHNE PASS.*

NAME DES PILOTEN *AL JAFFEE*

DATUM *10.7.*   FLUGZEIT VON *1430*   BIS *1432*

KENNZEICHEN *D-ECDR*   STRECKE *PLATZRUNDE*

BEMERKUNGEN: *ENDLICH GESCHAFFT! EIN PER- FEKTER START! NICHT ZU FLACH UND NICHT ZU STEIL! NUR SCHADE, DASS ICH VERGESSEN HATTE, VORHER DAS TOR DES HANGARS AUFZUMACHEN...*

DER START

Sie haben alles doppelt überprüft, und der Fluglehrer übergibt Ihnen das Mikrofon. Sie bitten den Kontrollturm um Starterlaubnis . . .

Ein kleiner Scherz im Funkverkehr mit dem Kontrollturm kann nie schaden. Wenn Sie die Lotsen zum Lachen bringen, können Sie sicher sein, von ihnen nicht mit lästigen Vorschriften schikaniert zu werden. Allerdings müssen Sie dann damit rechnen, daß die Lotsen genauso reagieren und im Ernstfall ebenfalls nur mit einem Witz antworten ...

DER ÜBERLANDFLUG

So aufregend auch der Start sein mag, so langweilig wird es rasch, wenn Sie mal in der Luft sind. Deshalb werden in den Verkehrsmaschinen ständig Filme gezeigt, Zeitungen verteilt und Mahlzeiten serviert. Es wäre sicher keine schlechte Idee, dies auch im Privatflugzeug zu tun . . .

DIE LANDUNG

Durch Gebäude, Überlandleitungen oder andere Hindernisse, die einen Landeplatz umgeben, lassen sich Anfänger oft zu einem viel zu steilen Landeanflug verleiten. Es ist wichtig, daß Sie diese Scheu vor Hindernissen möglichst rasch verlieren!

Für einen Fluggast ist der Landeanflug meist die unangenehmste Zeit. Lassen Sie sich als Pilot nicht durch Angstschreie, Ohnmachtsanfälle oder Kotzgeräusche aus der Ruhe bringen . . . außer, es ist Ihr Fluglehrer, der schreit, kotzt und in Ohnmacht fällt!

Merken Sie sich die alte Fliegerweisheit: „Es ist noch kein Meister vom Himmel gefallen!" – Der Typ, der auf unserem Bild vom Himmel fiel, ist daher eindeutig ein **Schüler!**

SCHLUSSWORT

Nun, da wir Sie zum perfekten Piloten ausgebildet haben und Sie über all die Schwierigkeiten, Probleme und Gefahren der Fliegerei Bescheid wissen, werden Sie sich beruhigt ins Flugzeug setzen ... allerdings nicht ans Steuer, sondern hinten, in die Passagierkabine!

HE, SIE!

SIND SIE DENN IMMER NOCH NICHT AUSGELASTET?

An den
WILLIAMS VERLAG
MAD-Leserdienst
Schwanenwik 29
2000 Hamburg 76

Ja! Ja! Ja! Trotz dieser vielen Freizeitvorschläge
bin ich immer noch nicht ausgelastet und bestelle
deshalb die nachstehend angekreuzten MAD-Produkte
noch heute per Post ins Haus!

MAD-Extrahefte – NUR NOCH DM 3,50

Nr. 1 „Das Schlechteste aus MAD" ☐
Nr. 2 „Hundert Seiten Don Martin" ☐
Nr. 3 „Das MAD-Buch der Bildung und des Wissens" ☐
Nr. 4 „Don Martins heile Welt" ☐
Nr. 5 „Das MAD-Buch der Erfindungen" ☐
Nr. 6 „Die MAD-Starparade" ☐

MAD-Taschenbücher – NUR NOCH DM 3,50

Nr. 1 „Don Martin hat Premiere" ☐
Nr. 2 „Viva MAD" von Aragones ☐
Nr. 3 „Alles über Magie" von Al Jaffee ☐
Nr. 4 „Don Martin dreht durch" ☐
Nr. 5 „Spion & Spion" von Prohias ☐
Nr. 6 „Der große MAD-Report" von Dave Berg ☐
Nr. 7 „Wirre Welt" von Aragones ☐
Nr. 8 „Buch der dummen Sprüche" von Al Jaffee ☐
Nr. 9 „Die MAD-Lebensfibel" ☐
Nr. 10 „MAD in Hollywood" ☐
Nr. 11 „Don Martin tanzt aus der Reihe" ☐
Nr. 12 „Das MAD-Buch der Rache" ☐
Nr. 13 „Noch mehr Zündstoff von Spion & Spion" ☐
Versandgebühr – Nur noch DM 1,–

Den Betrag von DM _____ habe ich
☐ per Scheck beigelegt
☐ auf das Pschkto. Hamburg 101 346-209 WILLIAMS VERLAG
   überwiesen

☐ in Form von (gültigen, deutschen) Briefmarken beigelegt

_____
Name

_____
Straße

_____
Postleitzahl/Wohnort

_____
Unterschrift